JN011695

80歳、ハッピーに生きる80の言葉

鳥居ユキ

主婦と生活社

目次

CHAPTER 1 いとなむ

CHAPTER 2 愛でる

CHAPTER 3

装う

CHAPTER 4

大事にする

CHAPTER 5

携わる

◎ちょっと…こぼれ話

はじめに

「あれ⁉ 私、80歳なの？」

19歳でデザイナーとしてデビューし、
終わったことは振り返らず、前だけを向いて歩いてきたら、
あっという間に61年も経っていました。

「今年80歳を迎えられる鳥居先生のお言葉を
80にまとめて出版しませんか」とお話をいただき、
実は「あれ⁉ 私、80歳なの？」とちょっと驚いたのです。
長年使っている体重計は、お誕生日を過ぎると
自動的に年齢が繰り上がるのですが、
毎日、「80歳」という体重計の数字を見ているのに、
それはどこか他人事でしたから。
80歳を自覚するのにいい機会だと考えて、
この本をつくることを決めました。

最初の打ち合わせで、
「大事にされていることは何ですか？」と質問されて、
真っ先に頭に浮かんだのは、
1日にひとつハッピーの種を見つけることでした。

当たり前ですが、社会も私生活も楽しいことだけではありません。
いろいろな出来事が起こりますが、
どんなときも自分らしいハッピーを忘れないでいられたら、
自由に生きていけるのかもしれませんね。

この本では、私が日々の暮らしの中で、
どんなふうにハッピーを見つけているのかを紹介しています。
読者のみなさまもぜひ一緒に見つけましょう！

鳥居ユキ

◎章扉のデザイン画について
デザイン画はすべて鳥居ユキが描いたものです。

2023年春夏
「ミモザで私たちの春を」
コレクションの案内状より

CHAPTER 1

いとなむ

こころもからだも
健康でいるために続けている、
日々のいとなみ

01

身の回りにある小さなハッピーの種を見つけ出す

昔からハッピーになることを見つけ出すのが得意です。家のテラスで「バラの花が咲いたわ！」とか。写真を撮るのが好きなのですが、マンホールを撮っているといろんな型を見つけて、「こんなのがあるの!?」とかね。

そんなふうに、**私だけのハッピーの種**を1日にひとつ見つけるのがすっかり習慣になっています。

ハッピーは、努力や苦労や我慢を重ねた先にやっと手に入る、特別なごほうびだけでなく、もっと身近で、軽やかで、シンプルなこともある。

生きていれば、悲しいことも苦しいことも起こりますが、いつまでもダークな状況にとらわれていてはいけないと思います。そんなときほど、**身の回りのハッピーの種をかき集めて、前を向いていきましょう！**

02

朝起きると、真っ先に
家の窓を全部開けて、空気を入れ替えます。
空気の流れを感じると、とても気持ちがいいのです。
それからお仏壇や祭壇の水を取り替えて
花を供え、リンを鳴らします。
リンの音色がやさしく響く日もあれば、
くぐもった日もある。
人生に同じ日は1日もないことを実感します。

早起きは三文の徳

夫の高雄さんがよく口にしていたけれど、本当にそのとおり！　春の早朝散歩でハッピーをひとつ、見つけました。

03

からだの力をつけるため、
早起きして、ゆっくり手を伸ばしたりする
軽いストレッチをやると決めています。
起床は5時15分ごろで、
目覚まし時計をかけなくても、だいたい同じ時間。
きっと体内時計がセットされちゃっているのね。

04

起きて、ほぐして、温めて……。朝のルーティン

起きたらテラスに出て差し込む太陽を浴び、鳥の声を聞き、草花を眺めながら深呼吸。なんて心地良いのでしょう。それから自己流ストレッチでからだをほぐし、お風呂に入ります。シャワーだと冷えるから、バスタブにお湯をためて。朝の食事をいただいたら、出かける前に10〜30分、エアロバイクで筋肉トレーニングをします。

8時30分ごろには家を出て、一番乗りで9時に出社。移動の車中では新聞をスポーツ欄まで読み、気になる記事に赤丸をつけて、会社に着いたら切り抜くのも日課です。

週末はテラスでゆっくり新聞を読みます。

朝の日課、体重と血圧の測定。健康管理も仕事のうち

朝の体重測定は、お風呂上がりの習慣です。もう数十年も続けています。

私の体重計は、お誕生日を過ぎると設定年齢が自動的に繰り上がり、とても不満です（笑）。

体重以外にも、体脂肪、内臓脂肪、筋肉量なども測れるから、すべてメモ用紙に記録して残しています。

それから血圧も必ず測ります。

毎日続けていると、その日のコンディションがよく分かって、「お酒を飲みすぎた翌日は、やはり太っているわね。気をつけよう！」とか。体重はコレクションに向けて、いつも一定にするようにしています。健康管理も仕事のうちですから。

06

朝40分のストレッチ。やることはだんだん増えて

伸ばして縮めてぐるぐる回して、どんどん増える自己流ストレッチ

朝のストレッチは、まったくの自己流です。

公園でスポーツ選手がやっていたストレッチ、肩甲骨を回したり、股関節を広げたりするのを参考にして、「あの動き、いいわね」ってメモしておく。

それらを試してみて、自分にマッチしたらどんどん採用する。**いいとこ取り**をしていたら、次第にやることが増えていくのです。

1日に何回やるって、回数を目標にはしていないのよ。ゆっくり手を回し、それから息を吸って吐く。呼吸を意識して吸って吐くというのがストレッチのポイントです。

ひとつでいいから、自分に適した体幹エクササイズを続ける

自己流ストレッチには、体幹を鍛えるエクササイズも加えています。体幹を鍛えるには、レッスンを受けたり、自分に合いそうなスポーツ選手の動きを参考にしたり。

体幹という言葉が世間に広まるずいぶん前、お友だちと一緒に体幹を鍛えるレッスンに3回通いました。

そこで習った、四つん這いの姿勢になって、片足とその反対側の片腕を伸ばすエクササイズは「すごくいい！」と思えたので、当時から続けています。

そしたら私たちが教わった数年後に、青山学院大学の駅伝選手たちがそのエクササイズをやっているとメディアで注目されて、流行しました。

つま先まで神経を集中して。ただし痛いのはダメよ。無理は禁物！

07

「今朝のエクササイズはやめようかな……」と
もうひとりの私が誘惑して、
怠けたくなる日もあるけれど。
「明日、何かが起こって、
できなくなるかもしれない」と考えるの。
だから**今日できることは今やる。**
毎日、その一心で過ごしています。

08

レースの上に花一輪を添えて。朝の食事を慈しむ！

朝の食事は、ずっと同じメニューです。必ず卵。それからカリカリベーコン、ハム、魚肉ソーセージのどれかと、大好きな野菜。トーストは4分の1枚。ミルクティーに手づくり健康ドリンクの黒酢大葉を少しと、フランス製のビタミンC1000ミリグラムのタブレットを水で溶かした発泡ジュースも。すべて50年近い定番メニューです。

朝の食事をのせるトレイには、レースの布のランチョンマットを敷いて、いつも一輪の花を添えています。もう何十年も同じスタイルで、軽井沢でもパリでもそう。

ベースは変わらないのです。

野菜の種類に変化をつけたり、
卵もスクランブルエッグ、オムレツ、
ゆで卵にしてパセリを混ぜたりするから、
同じメニューだけれど、同じ感じではないのです。
これは生きていく上で
大切なポイントだと思います。
同じような毎日でも仕事でも、
自分で工夫して小さな変化をつけ、
ハッピーになるようにしましょう。

09

フランスから取り寄せる
ビタミンC1000mgも健
康づくりに欠かせません

朝、庭先で摘んだばかりの草花を飾ります。

ハッピーになる
季節の花と一緒に

トーストには気分に合わせてはちみつとシナモン、ジャムを塗って

手づくりの
ビネガードリンク

必ず白いレースの布のランチョンマットを敷きます

季節の野菜はドレッシングなし。
素材の味を楽しみます

朝の卵料理で
たんぱく質を摂取

ミルクティーは午前中だけ。
ランチ後はミルクたっぷりの
コーヒーが定番

10

紅茶も化粧品も好きなものを使い続ける

お風呂は朝晩の1日2回がルーティンで、入浴剤は使わずにさら湯に浸かります。肌がツルツルになるバスソルトを入れるのを、つい忘れちゃうのよね。

そもそも香りが得意ではなくて。香水や百合のような花の強い香りもあまり好きじゃない。

紅茶も、ミント系のハーブティーなどをよくいただくけれど、残念ながらフレーバーが気になって……。私の場合はリプトン「イエローラベル」と決めています。

基礎化粧品もいろいろあると、何番目にどれをつけるのか覚えられないし、考えるだけで疲れてしまう。昔からの愛用品は資生堂「ドルックス」の乳液で、顔もからだもこれ1本。家のあちこちに置いて、常に保湿ができるようにしています。

お気に入りは長く使い続ける性分です。

シンプルなものを
ずっと手元に

ほかにも、私が
ず〜っと使い続けているものたち

◎キャンベル「チキンヌードルスープ」
◎アヲハタ「オレンジママレード」
◎ステッドラー「鉛筆4B」
◎三菱鉛筆「ダーマトグラフ（赤・黒）」
◎フランスから取り寄せる
「ラロスコルビン／ビタミンC1000mg」

11

座りっぱなしに要注意！毎日せっせと5000歩歩く

会社でデスクワークが始まると、1日中座りっぱなし。集中して作業しているから、気がつくと何時間も経っているなんてしょっちゅうです。

かつては「もう5時間も経ったのね」と、立ち上がって背筋を伸ばしてちょっと歩く程度だったから、「100歩しか歩いていない！」なんて日もありました。

今は1時間机に向かったら必ず動くようにして、特に最近は、**よく歩くことをかなり意識**しています。

スマートフォンに歩数が記録されるでしょう。それが楽しくて、斜め掛けできるポシェットをデザインして、私自身も愛用中。1日3000〜4000歩が目標だったけれど、歩数を増やしたいから社内をせっせと歩き回って、最近は5000歩近くまで増えました。

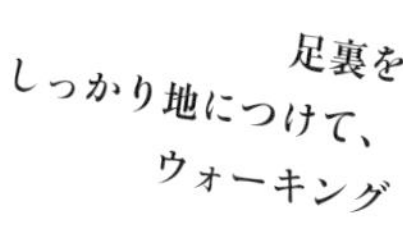

足裏を
しっかり地につけて、
ウォーキング

エアロバイクは
太ももの後ろを意識して
こぐのがポイント

12

出社前のエアロバイクで、無理せず筋肉トレーニング

だいぶ前、自転車型のフィットネス器具・エアロバイクを夫の高雄さんが買ったのに、あまり使っていませんでした。高雄さんが亡くなってから、足が弱ってきちゃって。

かかりつけの整体の先生が「**絶対に筋肉をつくらないとダメだからね**」とおっしゃるので、今では朝、必ずペダルをこいでいます。

「10分くらいでいいよ」と言われましたが、10分が20分になり、20分が30分になって、数か月続けたらずいぶん鍛えられたみたいです。

80歳になったけれど、「筋肉がついてきたね！」と整体の先生がびっくりしています。うれしいことです。

フットワークの軽い
ハッピーな私でいるために
筋肉は欠かせません。
うれしいことに
筋肉は何歳からでも鍛えられるから、
ご自分に合った方法で
ぜひトライしていただきたいわ！

13

ちょっと…
こぼれ話
1

サプリメント感覚で食べる「ナッツ」「らっきょう」「にんにく」

朝昼晩きちんとお食事をいただきますが、量は多くなくて腹五分まで。太らないように気をつけているからです。それでも昔よりは食べるようになったのよ。

お酒は大好きだったけれど、このごろは体調に合わせて、日本酒を週１回たしなむ程度かしら。

間食はしませんが、午前11時にいただく**ナッツでビタミンとミネラルを補給**。一緒に**ヨーグルトドリンクも飲んでカルシウム補給**もね。

夜には必ず**らっきょうの甘酢漬け**５粒と**生にんにくの酢漬け**５片を食べます。にんにくが好きなの。酢漬けなのに酸っぱくなくて、食べると**パワーが注入される感じ**がいい！

午前11時のナッツタイム

クルミ、アーモンド、カシューナッツ、マカデミアナッツを5粒ずつ、ヨーグルトドリンクを飲みながら、仕事の合間につまんでいます。

14

考えや思いや
ひらめいたことは、
何でもすぐに
メモ、メモ、メモ！

考えが浮かんだら、いつでも、どこでも、すぐにメモします。書きつけておけば、忘れてしまっても見返したら思い出せるでしょう。でもね、夜中にベッドの中で書いたメモなんて、後で読むのがすごく大変。「?・」と首をひねって、逆さまにして眺めてみたり（笑）。

メモ用紙はベッドのサイドテーブル、テレビを見るリビングの端、メイクをする場所、お風呂場の体重計のそばにボールペンと一緒に置いています。

新品のメモ用紙は使いません。要らない紙の裏面を再利用。そうしないとゴミが増える一方だから。

用件が済んだら破いて捨てます。シュレッダーにかけるのは好きになれなくて。**自分の手を使ってシュッシュッ**と裂くのがいい。**指先の訓練**にもなるでしょ。

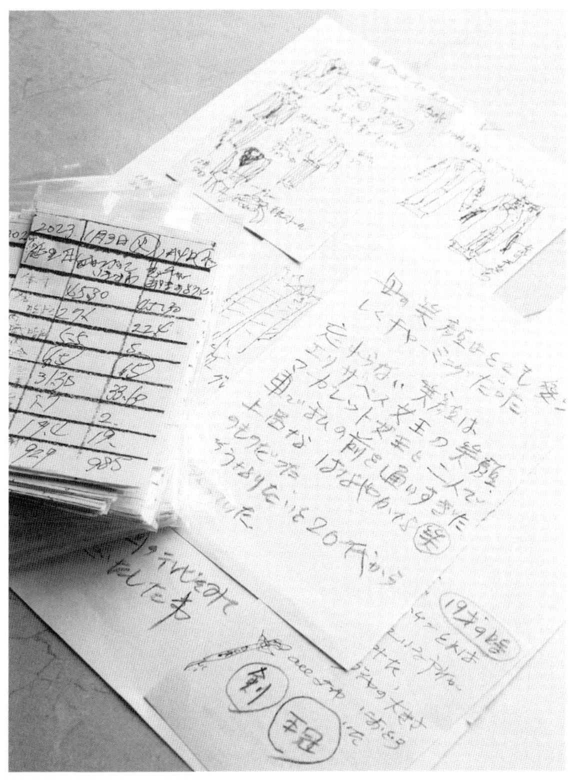

「ボタンのおもしろいアイデア」「展示会で用意したい写真」「あの人に電話しなくちゃ」「そろそろ旬の牡蠣のソテーが食べたい！」なんて具合で、メモの中身は何でもあり。ありとあらゆることを書きつけます。

ゴルフレッスンで習ったことは、身に付くまでとことんメモする

15

80年代にプロゴルファー・岡本綾子さんのウエアを手がけるお話をいただいて。自分がゴルフをしないことには何も考えられない、と40代から始めました。

その仕事は実現しなかったけれど、ハッピーなことに、ゴルフは大好きな趣味のひとつになりました。

レッスンプロに習って、**教わったことや気になったことをイラスト入りのメモ**にして残しています。

何十年経っても、書いている内容は、あまり変わらないのですよ。たとえば「力を入れてはいけない」「ヘッドアップをしない」って書いてある。もうね、毎回、同じことをメモしているから、「バカみたい」と思うけれど。

書いても忘れるから、また書かないといけなくなるの。身に付くまでは、繰り返しとことんメモですね。

ゴルフを始めた当初、高雄さんは「ユキは鉛筆より重いものを持ったことがないから、2、3メートルも飛ばないだろう」と心配していたのだとか。ところが素晴らしいレッスンプロに巡り会ったのです。
「金の針を買っても、基本がちゃんとしていないと、ぐし縫いはできないでしょう。ぐし縫いをするときも、脇を締めるでしょう。脇を広げたままだと縫えないよね」って、デザイナーの私に合わせて「脇を締める大切さ」を指導してくださる先生でした。ゴルフができるようになったのは、その方のおかげなのです。

ちょっと…
こぼれ話
2

興味を持ったらすぐにチャレンジ！「カーリング」「コミュニティバス」

カーリングがまだ世間に知られていない時代、軽井沢にできてすぐに「これはおもしろそう！」って高雄さんやお友だちと一緒に挑戦しました。

スケートは軽井沢でよくやっていたので、カーリングも大丈夫だろうと思っていたら、つるんつるんと滑って最初は立つのも大変でした。だんだん慣れてくると格好がついて、**危なっかしいけれどすごく楽しかった。**

最近は気になっていた家の近くを走るコミュニティバス「ちぃばす」にも乗車しました。カラフルなイラストが車体に描かれた小さなバスで、ワクワク感があるの。まるで**旅をしているみたいな気分**になりました！

ボウリングのようなフォームで、ストーンを滑らせます。ニット帽や手袋はどれにしようかしらって、ウエア選びもウキウキ！

見慣れた街並みも、バスの車窓からはいつもと違った様子に見えて新鮮でした。

ちょっと…
こぼれ話
3

「散歩」「読書」に「採れたて野菜」も
軽井沢の休暇のお楽しみ

軽井沢の**木々と花と空気が大好き**です。休暇中は散歩に行ったり、思う存分本を読んだり。それからお友だちとゴルフに出かけたり、おしゃべりに興じたり。後半になると、仕事をしていることも多いですね。また地元のみずみずしい採れたて野菜をたっぷりいただくのも楽しみのひとつです。軽井沢で過ごすと、**からだとこころが潤って元気いっぱいに**なります。

リラックスしたテーブルセッティングで、
楽しく朝の食事をいただきます。

自然の中で木々に囲まれて
過ごすときは、帽子と長靴
が欠かせません。

青葉の香りを感じる風に吹かれ
ながら、読書するのは最高！

16

週末やバカンス中も仕事のことで頭はいっぱい。それは自由だから！

もちろん会社は週末お休み。でも私は完全オフにはならないですね。ショーで使う音楽や演出のアイデアなど、デザインの仕事以外にもやることがいっぱいあるから、土日もなんだかんだ結構忙しくて、でも楽しんでいます（笑）。

バカンスは5月の連休と夏の2週間。その年2回は軽井沢の別荘で過ごします。

軽井沢は小学校の夏の寮生活で過ごしていた、第二の故郷のような場所。若いころは自分で車を運転してクリスマスにも行きましたが、今は坂道がねぇ、雪があると大変なの。

バカンス中でも、あれこれとメモ書きは増える一方です。2週間ものんびりしていたらボケそうだから、ちゃんと仕事も用意して持っていきます。すごく自由でしょ！

プライベートと仕事の切り替えはしません。
私の新作アイデアは、
私の生活の中で生まれてくるからです。
花や草木を眺め、からだを動かし、
美しいものを見て、毎日ハッピーに生きる。
そうした**日々の暮らしから**
たくさんの発想が得られるのです。

17

2022年春夏
「MY FLOWER GARDEN」
コレクションの案内状より

愛でる

チャーミングに生きる秘訣、ずっと好きなもの

CHAPTER 2

18

趣味のガーデニングで四季折々の花を育てる

自然が大好きなので、一番こだわっているのは自宅のテラス。季節折々の花が咲くように、日ごろの手入れは欠かしません。どう風が吹くか、いつ光が入るか、水はやりすぎていないか。常にそういうことに気を配っていますから、すくすくと育ってくれます。

ここ数年は朝顔と藤の棚を仕上げようと試行錯誤の最中です。完成したら清々しい日陰ができるので、花や緑が垂れた棚の下でのランチは一興ですね。

花柄はコレクションで必ず登場する定番のモチーフで、デビュー60周年の2022年春夏コレクションでは「MY FLOWER GARDEN」をテーマに、テラスに咲くバラやアイリスなどの花々を色とりどりに描きました。

趣味のガーデニングはときめきの源なのです。

オールマイティーなお手伝い
のフィーナさんと二人三脚で
伸びた枝を刈り込みます。

私はやぎ座のひつじ年なので、緑が大好き。
周りに花や緑があると落ち着きます。

19 草花を生けて自然を取り込み、ナチュラルに心地良く暮らす

花を生けるのも大好きです。私自身が**ナチュラルに心地良く暮らすため、花や緑は欠かせません**。ですから自宅と会社には、いつも花を飾ります。

飾り方にはちょっとこだわりがあって。元気のいい花を花瓶に生けるだけでなく、しおれて弱ってきた花は茎を切って水を張ったガラスの器に浮かべます。元気に再生するのよ。すぐに捨ててしまうなんてできませんから。

軽井沢でも飾ります。草花を摘みがてら散歩に出かけ、笹の葉を見つけたら食卓にあしらったりして、生活に軽井沢らしい自然の彩りを加えます。

最近は本物そっくりな造花が増えたので喜んでいます。高雄さんの**お仏壇の供花は造花と生花を組み合わせて**いて、そのバランスを考えるのも楽しいものです。

周辺の大木を借景として取り込むテラスは、開放感にあふれています。

今咲いている花が終わると、今度は
別の花々が次々と咲き始めます。

のびのびと咲く草や花は私の癒やし！

雨に濡れたテラス……、窓越しに花を見るのも好きです。

軽井沢の庭で摘んだ色とりどりの花を生けてみました。

自宅のテラスに咲いたあじさいを摘んで、会社のアトリエに飾りました。

昔から苔玉が大好きで、軽井沢では山の上まで苔取りに出かけたことも。

20

アンティークが好き。香水瓶は小さな芸術品

香水はつけませんが、香水瓶には心惹かれます。きっかけはゲランの香水瓶。その美しいアンティークの逸品は、ファッションコンサルタントで業界の重鎮ジャン・ジャック・ピカールさんが、私がパリで最初のショーをした際に贈ってくれたもの。50年近く前の話です。

ブルーの瓶のふたを開けて香りをかごうとしたら、「中身は入っていないよ」って。

はっとしました。そこにあるのは、こだわり尽くした小さな芸術品。**纏っているのは、古き良き時代のパリの香り。アンティークとはそういうもの**だ、と教えてもらった気がします。その経験こそ宝ですね。

それから香水が入っていなくても、香水瓶は集められると気がついて。パリの蚤の市などで探すようになり、いつの間にか相当な数になりました。

自宅の化粧室には、香水瓶のコレクションを並べています。それから下着をしまっている引き出しの中にも、香水瓶を入れています。また着物と一緒に匂い袋をたんすに入れ、ほのかな移り香を楽しんでいます。

ビジュアルがきれいな洋書はよく見ます。何かを発見できそうだから、書店は大好きな場所のひとつ。

パリでのショーを終えた週末、デザインソースを求めて、クリニャンクールの蚤の市で古いスカーフをセレクト中。

「今日は香水瓶」「明日は灰皿」と
ショッピングはテーマを決めて。
そうしないと目移りして、
結局欲しいものは見つからない。

愛すべきものとの出合いには、
集中力と決断力が求められますね。

21

エルメスの灰皿と同じような四角い形のものを買い集めていました。

日常使いしている伊万里焼や九谷焼、染付などの和食器類。

EXPRESS
GRAND HOTEL
BAGLIONI
Firenze
PARIS
Hôtels Claridge
BELLMAN
MIRAMAR
HERMÈS
HOTEL
MOLIERE
★★★
PARIS
SBM
MONTE-CARLO
NINA RICCI
PARIS
HOTEL
Kanebo
QUEEN DROP
ROMANSTAR
NOSTALGIE
ORIENT
EXPRESS
ASTOTEL
SAVON DOUX
GENTLE SOAP

宿泊したホテルの石鹸箱コレクション。昔のホテルにはこんなに素敵な石鹸箱があったのですよ。この石鹸箱のような「たくさんの好き」をこの先どう処理するか。これから考えていきましょう。

ノベルティグラスは形がきれいなだけでなく、会社のロゴマーク入りっていうのが楽しいでしょ！

日本のもの、西洋のもの、
古いもの、新しいもの。
好きなものはボーダーレス。
自分のセンスで選んでいるから、
どんなものを組み合わせても
私らしい雰囲気にまとまります。
いつだって好きなもので、
身の回りを囲んでいたいですね。

22

ちょっと…
こぼれ話
4

パーッと見渡せるようにしたい、好きな「お皿」いろいろ

好きなものはしまっておかず、**身の回りに置いて見渡せるようにしておきたい**のです。特にお皿の類はしまい込んだら、そのままになりがちでしょう。普段から手の届くところにあって日常的に目にしていると、気づかないうちに**クリエーションの源**になることもありますから。お皿好きが高じて、これまで漆器、焼き物、グラスなどもたくさんデザインしてきました。

軽井沢の別荘に飾っている、見て楽しむツバメの絵皿。
母と私が好きなものです。

私がデザインしたプロヴァンス風のお皿。南フランスのプロヴァンス地方に咲く花や自然をモチーフにした伝統模様で、色がとても鮮やかでしょ。植物を育てることも、描くことも、学びがあるから好き。

愛着のあるものは絶対に飽きません。
置く場所や組み合わせを変えれば、
新鮮な感覚が再び蘇ってきますし、
しばらく寝かせて
熟成させることもあります。
ですから自分で選んだものを
捨てたことがないのですよ。

23

24

天真爛漫なハッピーブッダでハッピーに！

目にするだけでハッピーな気分になる！ それがハッピーブッダです。自宅と会社に陶器のそれをインテリアとして置いています。ハッピーブッダは笑いの仏・弥勒さまの別名で、幸運や健康運などを招く仏さまのこと。

珍しいので日本ではなかなか見かけませんが、よくある木彫りのブッダ像にすると、毎日拝まなくてはいけなくなりそうですから（笑）。

アジア諸国でも、ヨレヨレのおじいさん風のハッピーブッダは多いのですが、はだけた衣に太鼓腹、天真爛漫な笑顔のものは少なくて。私はタイ、中国、香港を歩き回って探し回って、やっとのことで出合いました。

水やお供え物を盛る器を探すのも大変で、フランスの皿や日本の盃などを季節に合わせて使っています。

会社のアトリエの壁のコラージュです。

子どもたちと一緒のハッピーブッダは
特に珍しいと思います。

25

工夫は愉快！ソックスをカイロカバーや肘あてに

愛好品は大切に使い継ぎたいですし、不要になってもすぐに捨てず再利用したいもの。**自分なりに工夫を施せば、暮らしはにわかに活気づきます。**

加齢とともに、床に座るのが辛くなりませんか？私はもう辛いから、自宅と別荘のリビングにある大きなテーブルは、床とソファそれぞれの高さに合わせたテーブル脚を2サイズつくり、場面に応じて取り換えます。

ソックスの再利用は奥深いのよ。500ミリリットルのペットボトルに湯を入れて、ソックスですっぽり包めば簡易の湯たんぽに。翌朝、その湯は歯磨きの際に使います。

つま先を切ってストレッチのときの肘あてにするのは、最近思いついた方法で、これが結構重宝しています。

実際に手を動かすと、次々とアイデアが浮かんでくるものです。ぜひお試しあれ！

26 好きな柄のカラーコピーで箱や本をアレンジ

いただいたお手紙は、専用の箱にしまって大事に残してあります。

その箱は、うちのブランドの柄のミスコピーを箱に貼って、カスタマイズしています。箱に貼るだけ。いとも簡単にオリジナルの箱が完成するのって、楽しいじゃない！　柄を変えて年代別に整理すれば、探したいときにすぐに見つかるメリットもあるのですよ。

今読んでいる本のブックカバーも、大好きなヒョウ柄をカラーコピーして手づくりしました。

そんなふうに**ささやかだけれど愛おしいものたちに囲まれて、小さなハッピーを大事に**生きています。

カラーコピーで
ワクワク♪

好きなカバーを目にするたび、ハッピー度数が上がります。

年代を明記したラベルを付けて整理しています。

27

貼って楽しく、見ても楽しい！スクラップブックに好奇心をまとめる

ショップカード、名産品のラベルやしおり、雑誌の切り抜きなど。ジャンルを問わず、気に入ったものをスクラップブックに貼っています。「何でも帳」と呼んでいますが、いわば私だけのお楽しみ帳ですね。

スクラップするのは昔からの習慣で、今では3冊になりました。時代やジャンルでは選別せず、「外国のもの」「日本のもの」で分けています。

貼りつけるとき、ページを**見返すのも楽しみ**で、「あー、そうだったわ」と**再びときめくことも**しばしば。

貼り方にはポイントがあって、詰め込みすぎずに余白や空欄をつくります。理由は、同じようなお気に入りを追加したくなった場合、近くに貼りたいから。

整理整頓が好きなので、細かい作業は楽しい限り。

28

大切にしている母の形見、『ロートレックの料理法』

屈指の食道楽としても知られる19世紀末のフランスの画家ロートレック。彼が自ら腕をふるって生み出したレシピを集めた『ロートレックの料理法』は、母・君子のお気に入りでした。

定番のフランス料理からオリジナル料理、デザート、ドリンクまでとレシピは多彩。本のそこかしこに、デッサンや油彩の挿絵がちりばめられています。

ページをめくるたび、ベル・エポックの華やぎが蘇る素晴らしい一冊。余白を生かしたレイアウトも素敵で、絶妙な間合いが感じられる独特の雰囲気が漂っています。

そうしたハイセンスな本は、**料理以外のクリエーションにも役立ちます**し、時代を経てもまったく色褪せることがありません。

このスクラップブックは上製本を解体して表紙だけ残し、上質のノート用紙に纏わせたもの。パリで友人から贈られて、とても気に入ったので自分でも買い求めました。

「シャコ、キャベツ添え」「ウナギの網焼き」「マヨネーズと呼ばれる黄金のソース」などのレシピが200近くも紹介されています。

29

パリでゴミ箱!? 海外ではインテリア雑貨ばかりを買う

パリでの買いものはテーブルクロスやテーブルランナー、花瓶の下に敷く布小物などインテリア関連のものばかり。

パリのアトリエに、年配の女性が手づくりのテーブルクロスをよく売りにきていました。それを今も使っていますが、すっかり貴重なものになりました。

中国でも、夢中になってインテリア雑貨ばかり探していました。「このお店には二度と来ないかも」とお高いものでも思いきってね。

数十年前にパリを案内してもらった際、洋服には目もくれず、買ったのはゴミ箱だけ。それが贅沢な時代でした。空港の税関の人には、「これは何？　どうしたのですか？」と驚かれたこともありましたよ（笑）。ゴミ箱ですからね。

そうして選んだ**大切なものたちは、今でもずっと愛用**しています。

30 いつも同じはつまらないから、布小物を替えて気分一新！

軽井沢の別荘で過ごすときは、引っ越し並みの荷物を持って移動します。運ぶのは主にテーブルクロスやランチョンマットなどの布小物で、最低でも5種類は持参します。毎回インテリアを替えるから、もう大変なの（笑）。

毎年同じ様子だと、つまらないでしょう。だからといって大がかりな模様替えは辛いから、テーブルクロスやソファーカバーなどを替えて気分一新。それだけでもぐんと新鮮な装いになるのです。

「ちょっと飽きたかな」と感じる布小物でも、**数年ぶりに取り出してみると、不思議と今の感覚にマッチして蘇ったりする**のよね。

いつも特にテーマは決めず、到着したらインスピレーションで。そうして日々の暮らしを楽しんでいます。

布使いで リフレッシュ！

夏は清涼感のあるブルー系の布を使って。

冬は暖色系でほっとする雰囲気。

秋はベージュメインでシックに。

手紙は「ハンコ」メールは「スタンプ」でハッピーに通信！

ハンコ好きで、さまざまな書体のハンコをもっています。象形文字風、顔写真入り、姓名だけ、名前だけの小ぶりなものもあり、**手紙の相手や内容に合わせて「どれにしようかな」と楽しんでいます。**

今はスマートフォンのラインメールのスタンプに夢中！　多用して**「くすっ」と笑えるハッピー通信**をしています。**ちょっとした遊びごころ**で、私は十分幸せになれるの！

ばたん…

耐えられないほど暑い日に送られてきた「ばたん…」のスタンプで、たくさん笑いました。

ブップーブブ♪
着メロは
「ペッパー警部」

協力／まめぞう（シロクマちゃん2）

ハンコは使いたいときすぐ取り出せるように、
専用の箱に整理して片づけています。

洋画家 赤木曠児郎（こうじろう）の 赤と青の 絵画は宝物

31

幼いころから絵が好きで、小学生時代から油絵を描いていました。ファッションデザイナーになっていなかったら、絵描きになっていたかもしれません。

洋画家・赤木曠児郎さんは、大好きな画家のひとりです。60年近くパリに暮らし、トレードマークの赤い油絵具を使った緻密な線を浮き上がらせて、エッフェル塔やヴァンドーム広場などの風景を描き続けました。

晩年まで愛するパリの街角にイーゼルを立て、日々黙々とスケッチを重ねていたそうです。

生前、親交があった彼の青と赤の絵は実に個性的で、ずっと見ていられるほど魅せられています。自宅と会社にいくつかの絵を所有していますが、そのすべてが私のこころを捉えて放さない宝物です。

このエッフェル塔の絵は、高雄さんがお誕生日にサプライズで贈ってくれました。

32

幼少期から親しんで、刻み込まれた歌舞伎

祖母・ミツは大のオペラと芝居好きで、11代目市川團十郎の後援会長でした。團十郎の芝居がかかると、祖母に連れられて毎日のように歌舞伎座の楽屋へ通っていました。まだ4、5歳でしたが、ちょこんと座って、忙しく動き回る人たちを飽きることなく眺めていました。

そんなわけで舞台もかなり見てきたので、歌舞伎の世界観はからだとこころに刻み込まれています。

18代目中村勘三郎の「四国こんぴら歌舞伎大芝居」に3回は行ったかしら。それから「平成中村座」も楽しみのひとつです。

33

ダンディーな大人の男性、オペラの藤原義江先生

母・君子はオペラなど芸術全般に造詣が深く、日本に本格的なオペラを紹介した藤原歌劇団の藤原義江先生とは家族ぐるみのお付き合いでした。

ハンサムでダンディーな藤原先生はたまたまデートのお相手がいない日に、まだ幼かった私をレストラン「レンガ屋」に誘ってくれました。

晩年は帝国ホテルに住んでおられたので、銀座のブティックにふらりと立ち寄ってくださいました。

歌舞伎同様、オペラもよく見ました。藤原先生には素敵な大人の男性の粋な生き様を見せてもらった気がしますし、日本一もみあげが似合う方だと思っています。

34

魂を揺さぶる、フランスのシャンソンの歌声

フランスのシャンソン歌手の歌声が好きです。エディット・ピアフ、ジュリエット・グレコ。それから昔よく聴いていたシャルル・アズナヴール。彼は94歳で亡くなりましたが、その年に日本公演をするなど、本当にエネルギッシュな人でしたね。

魂を揺さぶるような歌声には、からだとこころを元気にするパワーがみなぎっています。

あるとき、シンガーソングライター・中島みゆきさんの歌声が流れてきて、シャンソンのような朗々かつ凛とした独特の表現に聞き惚れました。日本人には珍しいスタイルでしょ。坂本九さんのバイブレーションのある個性的な歌声も好きです。

ちなみに音楽は、サザンオールスターズのファンです。

35

おもしろさに圧倒された、パリのキャバレークレイジーホース

パリのキャバレーが好きで、60年代後半は「クレイジーホース」に夢中になって通っていました。

演目は女性のヌードショーですが、いやらしさは微塵もなく、おもしろさに圧倒されました。

特にダンサーのからだにカラフルで斬新な模様を映し出す照明は「素晴らしい！」のひと言。見事でした。照明、衣装、音楽、台詞のすべてが調和した**総合舞台芸術の作品**なのですね。

あまりにも気に入ったので、コレクションでクレイジーホース風の演出を行ったこともあります。

当時のパリは本当におもしろかったのです！

好きだったフランスの歌手シルヴィ・バルタンさんは、来日した際、「銀座トリヰ」のブティックにぶらりと立ち寄って、数点買って帰られました。面識もなかったですし、突然だったので驚きましたが、成熟した素敵な大人の女性でした！　彼女が着ている服は「YUKI TORII」のもので、ちりめんの風呂敷の生地です。

36

お手本にしたい大人の女性、キャサリン・ヘップバーン

20世紀前半に活躍した往年の女優キャサリン・ヘプバーンは、小股が切れ上がった芯のある粋な女性ですが、すごく女っぽいところもあり、その凛としたクールビューティーは青春時代の私に刺激を与えました。『フィラデルフィア物語』『女性No・1』『アフリカの女王』など映画はたくさん見ましたけれど、一番憧れたのは彼女の私生活。

雑誌で目にしたプライベートショットでは、庭の花を摘んで籐のバスケットにざっくりと入れ、シンプルに生けて飾っていました。またスクリーンとは異なるカジュアルな装いでくつろぐ笑顔も印象に残り、「素敵だな。真似してみたいな」と感じ入ったものです。

それから女優のマレーネ・ディートリヒの自叙伝も好き。

お手本にしたい大人の女性の存在って大事ですね。

2021年春夏
「好きな物に出会いたい」
コレクションの案内状より

CHAPTER 3

装う

自分をハッピーにするための服、そのセンスと価値観

37

好きなものを自由に自分らしく楽しむ

ファッションで大切なのは、自分の好きなものを自由に着て楽しむこと。流行りのものでなくても、その人らしくあればいいと思っています。

またファッションに年齢は関係ありません。ミニスカートが好きならマダムでも堂々と楽しんでください。**ワクワクできるなら最高**でしょう。私は年齢で区切ってデザインを考えませんし、自分が着たい服ばかりをつくります。

色選びも同じです。好きな色を着てみてください。

そして鏡の前でほかの色も試してみる。何度かトライしていくうちに、「この色、好きかも。意外と似合っている」ってときめきの新発見をするかもしれません。

頭だけで考えず、**実際に試して感じること**ですね。

38

服は毎日をハッピー気分で過ごすためにある！

今日着る服は、仕事の予定に合わせて決めます。お客さまと会う予定がある日はシックなスーツにするとか、社内で立ったり座ったりする作業が多い日は動きやすいパンツスタイルにするとか。

お天気のことも気にしながら、前の晩に3パターンほど用意します。もちろん着たらワクワクするかどうかも服選びの重要なポイントです。

でも朝になって、突然気分が合わないこともあります。出かける直前まで、何を着ようか決まらない日もあるけれど、ちゃんと「これでＯＫ」と**納得して、自分を好きでいられる装い**で、幸せを感じたい。

服は毎日をハッピーに過ごすためのものですからね。人からいろいろ言われても、自分で楽しむことが大事です。

その日の私が
ハッピー♪でいられる服を！

2013年春夏「シティーウエア」のアーカイブの服の前で。

花柄×ストライプ、花柄×チェーンプリントなど、私はプリントミックスが好き。好きなもので自由にミックスして楽しみましょ！

おしゃれが面倒になると、
日々の暮らしの中の好奇心も
しぼんでいくような気がします。
危険信号だと思うわよ。
ですから
「この服を着たい」という気持ちとは
しっかりと向き合いたいですね。

39

40

永遠に愛するヒョウ柄は、何にでもよく合う万能選手！

ヒョウ柄を永遠に愛します！　洋服はもちろん、スカーフ、バッグ、靴、帽子、傘、レインコート、それからクッションカバーに携帯カバーまで。もはやヒョウ柄に囲まれて暮らしている、といっても過言ではないかも（笑）。

派手すぎたり、強い印象に見えたりして、着こなすのが難しいと思われがちですが、実は何にでも合う万能柄。

ひとくちにヒョウ柄といっても、色のトーンや柄の種類はたくさんあるので、**自分らしいものを探してみる**といいと思います。**まずはスカーフから**始めてみると、使い勝手の良さに気づけるのではないかしら。

私の十八番はヒョウ柄×ターターンチェック。どちらも伝統的な柄なので、実際に合わせると意外なほど好相性。**スタイリッシュなコーディネート**の完成です。

「くすっ」と痛快！
トロンプ・ルイユ（だまし絵）の服

ニットの上にストールを巻いているように見えるだまし絵のTシャツ。
おもしろいでしょ！ 2020-21秋冬より。

デニムのジャケットもアクセサリーも、実はだまし絵のTシャツです。2021年春夏「好きな物に出会いたい」より。

41

エレガントに装いたい、こだわりのデニム

カジュアルにもエレガントにも、**年齢を問わず着こなせるのがデニムの良さ。**コレクションのたびに新しい表現方法を模索するほど好きな素材です。

私はデニム×レースなど異素材との組み合わせが好きですし、コーディネートもたとえば花柄やフリルのブラウスと一緒に楽しむことが多いですね。

私たちの若いころ、デニムといえば、ベッドに寝転がってお腹を引っ込め、ギューーッとファスナーを上げないと着られないほどかたい素材でしたが、今や薄手のストレッチ素材など実に種類豊富。

岡山や広島のデニム産地で、ダメージ加工やワラカット（特殊刺繍加工）をするなどデニム生地にはいろんな工夫を施し、ひと味きかせています。

42

さまざまな表情をもっている、美しい刺繍あれこれ

刺繍は絵画のようです。生地に立体感が加わるので、よりエレガントになるのも魅力的ですし、手法によって表現を変えられるのも楽しい。花の柄を手刺繍で施すのはもちろん、実験的な刺繍にもトライしてきました。

ジャカードに描かれたシックな花模様の上に、ある部分だけ色鮮やかな花の刺繍を施すと、コントラストが際立って実に美しくなります。

デニム生地をほつれさせて模様を浮き出す、ワラカット（特殊刺繍加工）と呼ばれる刺繍柄には、日本の伝統的な刺繍・こぎん刺しのような温かみがあります。

生地に刺繍糸や毛糸を埋め込むニードル刺繍では、グランジ風を表現しました。

刺繍といってもいろいろあるので、「次はどうしようかしら」と考えるだけで気持ちが盛り上がりますね。

会社のすぐ前にある遊歩道で、ふぅ〜っと息を抜いて。都心なのに自然が多く、たくさんの花々が植えられています。

「MY FLOWER GARDEN」を着て

花柄って
見ているだけで、
ワクワクするでしょ？

遊歩道のあじさいがきれいに咲いていました。自然の持つエネルギーの強さを感じます。

「ミモザで私たちの春を」を着て

自宅のテラスに咲いたミモザを摘んで、会社に春を届けました。グリーンのスプリングコートで元気よくハッピーに！

ミモザは春の訪れを告げる花。3月8日の「国際女性デー」には、女性にミモザの花を贈る国もあるそうです。

43

花柄の服は、着る人も眺める人も明るい気分に！

花柄は「YUKI TORII」ブランドのアイデンティティー。毎回、新作の花柄をデザインし続けています。

たとえば2022-23秋冬コレクション『あたたかさ』を伝えたい」では、冬の防寒着にローズプリントとチェック柄を組み合わせました。2023年春夏コレクション「ミモザで私たちの春を」では、鮮やかなイエローのミモザをさまざまな表情にデザインしました。

花柄の服を身に纏えば、着る人だけでなく、眺める人まで明るくなる気がしませんか？

ガーデニングが趣味なことも相まって、「一番好きな花は何ですか？」とよく質問されます。しかしながら花はみんな大好きだから、ひとつだけ挙げることはできないのです。あえて言うなら「風に揺れるやさしげな花の風情が好き」といった感じでしょうか。

44

バッグ、靴、ソックス、スカーフ、アクセサリーや
色、柄、スタイルなど、
昨日と何かひとつ替えてみる。
新しいものを加えてみる。
それだけでウキウキしてくるから不思議です。
服を着るときは、
自分をハッピーにするこころ遣いを忘れずに

普段使いの帽子とスカーフ

自宅のテラスでのブレイクタイムにお気に入りの帽子をかぶって。

首元が気になるときは、さっとスカーフを巻きます。

帽子は特別なお出かけだけでなく、普段使いを楽しんでいます。

45

お気に入りのポシェットにはスマホを入れて斜め掛けに

バッグは着こなしのアクセントになるような個性豊かなものが好みです。

最近はウォーキングのときに重宝する、小さめのポシェットを愛用中。コレクションでも新作を発表しています。

ポシェットは使ってみるとすごく便利。

私はスマートフォン、鍵、リップクリームと口紅など必要最低限のものだけを入れて、社内にいるときも斜め掛けにして持ち歩いています。

46

40年近く手入れを続けて、愛用する靴

靴はとにかく軽くて歩きやすいものを選びます。もちろんきれいな形も重要ね。気に入ったものはなかなか探し出せませんから、**出合ったらまとめて買っています。**

パリで見つけたステファン・ケリアンの厚底のローファーは、黒、赤、明るいこげ茶、暗いこげ茶の４色を２足ずつ買い揃えました。

半年に１回**メンテナンスに出しながら、もう40年近く大切に履き続けています。**ちゃんとお手入れしているから、ちっともくたびれていないのよ。

いつでも
どこでも、すぐ
「もしもし〜」

パンツやスカーフとお揃いのポシェットで軽快に。プリントはその中の一色の無地と合わせると、初心者でもコーディネートしやすいと思います。

ベーシックな水玉柄も大小いろいろあって、本当に永遠の柄ですよね。

以前販売していた「YUKI TORII」のローファー。軽くて履きやすいのですよ。

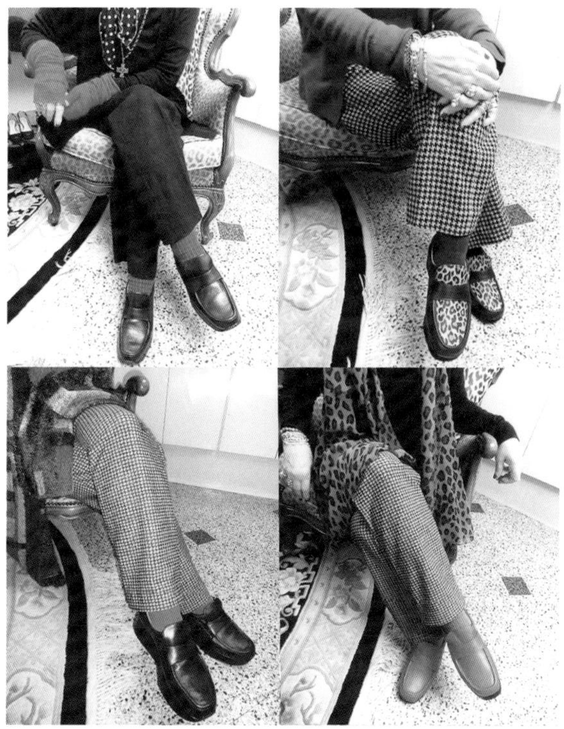

靴と靴下の色合わせを考えるのもハッピーのひとつ。

47

「ブローチの付け方を
教えてください」と質問されても、
考えてみたこともないので答えられないの。
好きなブローチを
たとえば襟元や胸元、バッグ、帽子、ベルトなど
好きなところに付けてみて
しっくりしなければ、
いくつか組み合わせてもいいわけだし。
鏡の前でトライしてみましょう。
それも楽しいこと！

スカーフは一気に巻くのがコツ。

無造作にやるくらいがちょうどいい。

あれこれと考え始めるとキリがなくて、

結局はまとまらないことが多い気がします。

私はいつもバッグに1枚入れておき、

寒いときにサッと首元を温めたり、

観劇の際に膝にかけたりして

日常使いしています。

48

日常の小さな
ハッピーを見つけて

きれいに咲く花を見つけて……。偶然に出合うと、感動しますね。

美しいもの、気になったものは、スマートフォンでパチリ、パチリ！

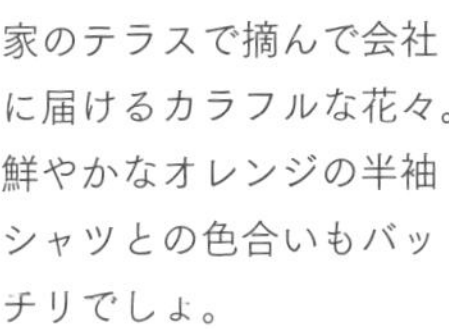

家のテラスで摘んで会社に届けるカラフルな花々。鮮やかなオレンジの半袖シャツとの色合いもバッチリでしょ。

49

眼鏡とサングラス、グレーヘア、赤い口紅のマイスタイル

眼鏡は洋服に合わせて選びます。光がまぶしいときにはサングラスに替えて。重いと疲れるから、軽量タイプばかりです。ライセンス事業で眼鏡をたくさんデザインしたので、それらを長く愛用しています。

グレーヘアはいつごろからかしら。もう忘れてしまいました。トップはふんわり、サイドはゆるくねじるアレンジは自分で。装いに合わせてシュシュや、服の端切れで楽しんでいます。

触られるのはあまり好きじゃなくて。エステも苦手。それに眉のラインがちょっと変わるだけでも、「あら、私の顔じゃない」って違和感を覚えるのね。口元はカラーを混ぜた赤い口紅で明るくきりっと描きます。

朝、ここまでやり終えると**シャキッとしますね**。

家にいるときも軽くメイクし、口紅も元気になるので塗っています。

50

美しい手元は時計、ブレスレット、リング、ネイルで

時計、ブレスレット、リング、ネイルの４つと、寒い季節は指先の空いた手袋。それらで手元を装うのは習慣になっているので、うっかり忘れると落ち着きません。

特に時計は、分刻みで仕事をしている私にとって、大切な仕事道具。必需品です。

服を決めたら、毎朝ジュエリーボックスからさっと選び出します。ほとんど悩みません。

ジュエリーは祖母や母から受け継いだものや、今風のジャンクなものを自由に組み合わせて、自分らしい雰囲気に。ネイルはカラーのリクエストだけして、細かいところはプロと相談しながら決めます。

爪は長く伸ばしたことはないの。指の腹で生地を触って質感を確かめるので、爪が長いとダメだから。デザイナーにとって**指先センサーはとても大事**なのです。

髪をまとめるときも、考えすぎずに一気に仕上げるといい感じになると思います。ピアニストのフジコ・ヘミングさんのように無造作でナチュラルにしたいのですが、なかなかできません。

ネイルは爪が小さく見える「逆フレンチ」がお気に入りです。アクセサリーはその日の気分で毎日替えます。新しいものと古いものをミックスさせて。

51

中高年男性も自由にファッションを楽しんで

1994年から2000年まで続けたメンズコレクションのショーでは、ジャーナリストや医師、実業家、スポーツ選手に俳優といった各界で活躍する幅広い世代の232人にモデルをしていただきました。

当時はまだ男性がファッションに苦手意識を持っていた時代。あえて中高年男性を多く起用したのですが、それには理由があって、「おじさま世代にも自由におしゃれを楽しんでほしい」と発信したかったからです。

当たり前ですが、みなさん体型が違うので、すべて採寸した特別オーダー。当日の出番直前には「恥ずかしいから、もう帰りたいよ」と弱気になっちゃう方もいましたが、ランウェイでは楽しんでいる様子でした。

コレクションが終わったら戦友のように親しくなって、高揚した笑顔で肩を組む男性陣。みな少年のように初々しく、**誰もがハッピーになりました。**

52

伝統やうんちくより、気軽に着られる着物のすすめ

80年代からデザインを委託されるライセンス事業が増えてきました。漆器や陶器、ひな人形といった和のアイテムなどを手がけ、着物もそのひとつです。

着物はもともと大好き。祖母は歌舞伎を見に行くとき、他の人が着ていない洋服生地でつくった着物や帯を身に着けていました。その姿を見ていたので、私がつくるなら今風な感性で気軽に着られる着物がいいと考えました。

江戸小紋の無地に近い細かい柄が好きなので、そこに大正浪漫の甘美な花柄を加えました。着物は地味だけれど、半襟だけは華やいだものを合わせます。

またシフォンなどの洋服生地でモノトーンの着物をつくったり、服のベルトを帯にしたり。当時はそうした着物は珍しく、新しい着物の着方の先駆けでしたね。

洋服同様に、**着物も自由に楽しみましょう!**

遠くに、近くに
心の居場所

フランスのサントロペ

60-70年代に何度も訪れたフランス南部のサントロペ。当時は素朴な避暑地でしたが、2013年に高雄さんと旅したときは、すっかり観光地になっていました。

オフィスの周辺

会社の周りを散歩するのもハッピーのひとつ。朝日に輝く新緑や夕日に映える紅葉を眺めて、季節の移り変わりを感じています。

ちょっと…
こぼれ話
6

やることいろいろ！
デザイナーのお仕事

服、バッグやアクセサリーなどのデザインだけではありません。私の場合は**オリジナル生地**もつくりますし、**刺繍やビジューのアイデア**も考えます。

またショーに向けて、**コーディネートを決める**のも大切な仕事。さらに**照明、音楽、演出など**も考えますし、ショー当日には実際にランウェイを歩いて**ポージングなどの動きを指導**します。

ショーが終わったら翌日から頭を切り替え、今度は次のコレクションに向けて全力投球です！

ちょっと…
こぼれ話
7

コレクションイメージの案内状

毎回コレクションのテーマを考えるのもデザイナーの仕事です。**テーマを象徴するビジュアルで案内状をつくり**、お客さまにお送りします。きれいなカードなので、「毎回、楽しみ～！」と言ってくださるファンもいらっしゃるのですよ。

2014－15「HAPPY!!」

小さなブローチを拡大カラーコピーしてプリントに仕立てました。色はぶつかることで美しくなります。もっとハッピーになるための色の冒険の提案です。

2023－24秋冬

「今 着たい服をみつけたい」

アーカイブのノルディック柄セーターをトロンプ・ルイユ（だまし絵）の手法でプリントしました。自由にルールなきスタイルを楽しむことの提案です。

53

自分らしい着くずし方は、楽しげな個性になる

今は着物の着方は着付け教室で習う人が多いのでしょうが、基本を学んだら一辺倒ではなく、応用として自分らしく着くずすと、それが個性になります。

以前、ニューヨークで一緒に仕事をしたモデルさんは、食事のとき、着物を後ろ前に着たりして楽しそうでした。ピシッとしたマニュアルどおりの見た目にこだわるより、**体型や個性に合わせた着方をしたほうが心地良い**し、ワクワクするでしょう。

美術家でエッセイストの篠田桃紅さん、バルテュス夫人の節子さんなどの着物姿を見て、自分らしさを見つけ出してはいかがですか。

私の服は私の作品ではなく、
お客さまをハッピーにするためのもの。
そして自分が着たいもの。
ですからデザインしたものには
すべて袖を通し、着心地を確認しています。
着心地が悪いと、
自由におしゃれを楽しむ気には
なれないでしょう。

54

2020年春夏
コレクションの案内状より

CHAPTER 4

さまざまな経験や愛する人たち、
そして人生のエッセンス

大事にする

55

世界中の美しいものをすべて見てきなさい

19歳でデザイナーデビューした私は、母に「世界中の美しいものをすべて見てきなさい」とヨーロッパ旅行へと送り出されました。乗り継ぎを繰り返した30時間のひとり旅。ガタガタと揺れる飛行機は、今にも落っこちそうで怖かったですよ（笑）。

ホームステイ先のパリを拠点に、イギリス、オランダ、ベルギー、イタリアなどの近隣諸国を訪ね歩きました。美しいものはどの国にもありましたが、特にヴェネツィアングラスで有名なムラーノ島の素晴らしい手仕事や、ナポリ湾に浮かぶカプリ島の明媚な情景は、今でも頭の中にくっきりと残っています。

若いうちにいろいろな国の文化を見た経験は、何にも代えがたい財産ですね。

56

若い時代になるべく外国に行って、
友人と連れ立つことはせずに
ひとりで時間を過ごし、
警戒心をもって行動する。
そうした**孤独は**
経験の質を高めてくれます。

57

半世紀以上前のフランスでは、
すでに節電意識がとても高かったことを覚えています。
冷蔵庫や冷房の節電はもちろん、
アパルトマンの階段は電気が自動タイマー式なので、
スイッチを押して数分で真っ暗になる。
今思えば、

省エネ意識が自然と身に付いている

フランス人のライフスタイルは、
当時の私にはとても斬新でした。

20代、パリの蚤の市で。欲しいけど手が届かないものを
毎日見に行っていたら、マダムが割引してくれました。

私のファッションヒストリー／ 20代～

デビューから数年を経た1968年、25歳のころ。当時、若い女性デザイナーはまだ少ない時代でした。

愛車のオープンカー、ルノーカラベルに祖母と母を乗せて、「銀座トリヰ」のブティックへ出かけていた23歳のころ。

1966-67年放送の『嫌い！好き!!』で、加賀まりこさん、吉村実子さん、岸田今日子さんのテレビドラマの衣装を初めて担当した23歳のころ。

30代

新宿の花園神社で高雄さんと一緒におみくじを引いて。フランス人カメラマン・アレキサンドラ氏の撮影です。

27歳、ロンドンにて。年１回、ロンドンのヘアサロン ヴィダルサスーンでショートカットにしていました。ブローしなくてもスタイルが決まるその技術はピカイチでしたね。

パリで最も美しいパッサージュとされるギャルリー・ヴィヴィエンヌにて。

人とのつながりはすごく大切です。

振り返ると、
ピンチのときには
必ず人に救われてきました。
どんな人たちと巡り会うかで、
人生は大きく変わると思いますよ。

58

私のファッションヒストリー／ 40代〜

40代

パリで高雄さんと一緒に。

50代

パリコレ20周年（1995-96秋冬）を迎えた52歳。この年、第13回「毎日ファッション大賞」で大賞を受賞しました。

2002年、59歳のとき、パリのオペラ座でパリコレクションを開催。フランステレビ1チャンネルリポーターのヴィヴィアン・ブラッセルさんから取材を受けているところです。

2011年、デザイナー生活50周年の東京コレクションのリハーサルで、モデルに動きを指導している68歳のころ。

2016年、73歳でNHK『団塊スタイル』に出演。「美しくエネルギッシュに駆け抜ける鳥居ユキ！」がテーマでした。

70代

80歳

2023-24秋冬「今 着たい服をみつけたい」のコレクションムービーの撮影を終えて。

——そして、80代へ！

ファッションヒストリーはまだまだ続く。

1976年

ン10年来の大切な友人たち

ジャン・ジャックと私

「YUKI TORII」の最初のアタッシュ・ド・プレスのジャン・ジャック・ピカール（左）。

2023年

イザベルと私

彼女の描く女性はどれも個性的。絵画は自宅に飾っていつも眺めています。

2021年

2002年　イザベル・ロゾ（右）。

長い間「YUKI TORII」を愛用してくださっていることに感謝！

59

知り合って半世紀近く、盟友のジャン・ジャック

著名なファッションコンサルタントのジャン・ジャック・ピカールさんは、かけがえのないパリでのビジネスパートナーです。１９７５年、彼のコーディネートで日本食レストランを会場に決めて、パリコレクションにデビューしました。ランウェイにはイグサで編んだ敷物を敷いたりしてね。

30数点のこぎんまりしたショーでしたが、かすりの模様や和花のプリントを大胆に用いた着物風のデザインは、「モダン！」と高評価をいただきました。

すぐに『ＥＬＬＥ』『20ａｎｓ』といったフランスのファッション誌に取り上げられました。それから２００８年までの33年間、パリコレを手がけました。

パリでの成功は彼のおかげ。知り合ってから半世紀近く経ちましたが、今でも家族ぐるみのハッピーなお付き合いが続いています。

60

パリの女友だち画家のイザベルは生き方が刺激的！

イザベル・ロゾさんは、パリの女友だちのひとりです。画家の彼女はいかにもフランス人らしく、独特のセンスとこだわりをもって魅力的に生きています。

「ユキの服を着ると、小説や演劇の登場人物になったような感動があるの！」

パリ2区のギャルリ・ヴィヴィエンヌにある私のブティックで目をキラキラと輝かせて話してくれたとき、私はとてもうれしかった。

20年ほど前に、花柄のサテンのパンツを元気にかわいく着ていた彼女は、今、ヒョウ柄などでシックに装っています。

いくつになっても、**自分のスタイルがある女性は、心地良い刺激をくれる特別な存在**です。

61

パリのマダムからシックな美意識を学ぶ

19歳で初めて訪れたパリでは、貴族の血筋であり、ファッション誌『ELLE』の編集長でもある母の友人エレーヌ・ド・モルトマールさんの邸宅にホームステイしました。

本来は運転手付きの車に乗る立場なのに、自分でミニクーパーを運転して、古い教会、表の道路から見られない中庭などを案内してくれました。サンジェルマンの教会の素晴らしいステンドグラスを見ながら、「セ・サ・パリ（これがパリよ）」と。またデザートのアイスクリームを自宅でつくってくれました。

古いものに美を見いだす感性、料理のメニューに添えるおもてなしのこころなど、パリっ子の暮らしに息づく美意識を感じ取るように導いてくれたのです。

ものごとを**多面的に見られるのは、きっと日本以外のライフスタイルをたくさん見てきたおかげ**ですね。

62

世界中のあちこちを旅しましたが、
いつもパリに戻ってきます。
たとえばパリからイタリアなど他国に出て
パリに帰ってくると、ものすごくホッとする。
パリの街の空気感が私にはぴったりなの。
第二の故郷なのでしょう。

63

自由には責任が伴うことを教えてくれた西村伊作先生

日本女子大学附属中学校を15歳で卒業した後、母のすすめで高校には進学せず、３年飛び級して文化学院に入学しました。周りはみんな3歳年上。

文化学院は自由で創造的な教育を目指した明治生まれの西村伊作院長が、歌人の与謝野晶子らと設立した学校です。校則なし、教科書なし。制服もなくて、女子も男子も最先端の華やかなおしゃれを競っていました。

とても自由でしたが成績評価は厳しく、卒業できない生徒も半数近くいました。

「自由は責任を伴う。はき違えてはいけないよ」と西村先生はよく話してくださり、それは今でも大切にしている教えです。

母も私も西村先生から教えられた言葉

「言葉や知識で自分をつくってはいけない。
こころが通じるやさしい言葉を使いなさい」
「想像とは悩むことではなく**考え抜くこと**」
「人にこうしてほしいと**望むからこころが疲れる**」

64

65 私を育て、守ってくれた愛すべき夫、祖母、母

公私ともに良き伴侶、夫の高雄さん

高雄さんはやさしい夫であり、会社の代表として仕事上の良きパートナーでもありました。

妻や母親としての役割は求めず、デザイナーとしての活躍を応援してくれるだけでなく、仕事ばかりしている私の健康管理にも気を配ってくれました。

私は仕事に熱中すると、2、3日は寝なくても平気で、体調が悪くても気づきません。いくらでも無理ができちゃう（笑）。あるとき、高熱を押して作業していたら、彼に無理やり病院へ連れていかれました。肺炎で即入院。おかげで大事に至りませんでした。

そんなエピソードはたくさんあります。私を大切にしてくれた彼に出会えたことに感謝ですね。

自宅のリビングにコーナーをつくり、家族や友人の写真をたくさん飾っています。

きっぷのいい姉御肌、パワフルだった祖母のミツ

明治生まれの祖母は、何でもパッパと決めるきっぷのいい姉御肌で、華やかなものが大好きでした。

終戦直後に「みんな甘いものに飢えているはずだから」と甘味屋を開業して大当たり。次は「洋服の時代になる」と母をデザイナーに据え、早稲田で「御仕立所」の看板を掲げました。母がデザインした服がよく売れるようになると、「やっぱり銀座でなくちゃ」と祖母が店舗を移しました。

1950年に「銀座トリヰ」を開店し、今年創業73年です。

銀座に移ったころには商売から離れ、「食道楽の着道楽の役者狂い」という江戸っ子の暮らしを楽しんでいました。

祖母のおかげで、子ども時代から歌舞伎やオペラ三昧という贅沢すぎるほどの経験ができたのです。

美に触れる機会をつくってくれたデザイナー・母の君子

母はプレタポルテの先駆けとして活動するデザイナーでした。銀座の店舗を軌道にのせるため、四六時中働いていました。

どんなに忙しくても、外出時には私と一緒に画廊に立ち寄り、また音楽会にも連れて行ってくれました。美しいものに触れる機会をたくさん与えてくれたのです。

母からデザイナーになるようにすすめられたことは一度もありません。私がこの道に進んでからは、世界の舞台で活躍できるように、裏方として後押しをしてくれました。

パリで地に足がついた仕事をすることは、母の願いでした。そして私も母の願いを知らぬ間に受け継ぎ、夢中で活動してきたようにも感じます。

「銀座トリヰ」の創業当時、マネキンに着せた服は飛ぶように売れました。

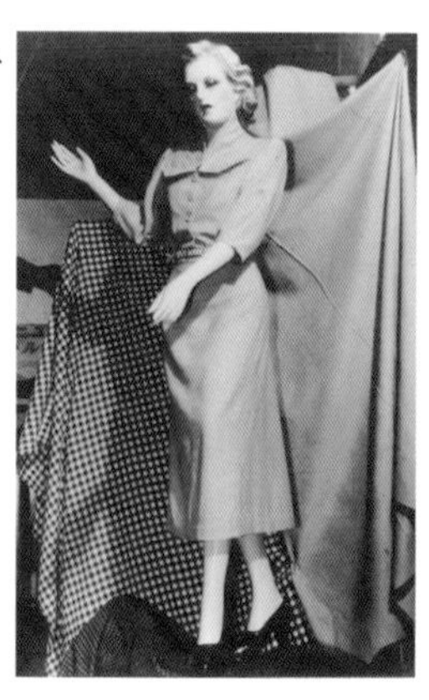

1972年、「銀座トリヰ」の店内にて。当時は赤い壁でしたね。

66

デザイナーは黒子に徹して、主役の着る人を輝かせる

デザイナーとしてショーを始めたのとほぼ同時期、女優さんや女性歌手の衣装も手がけるようになりました。岩下志麻さんや加賀まりこさん、奥村チヨさんや小柳ルミ子さんといった超売れっ子とご一緒したおかげで、ブランドの知名度はぐんぐん高まりました。

マスコミに私の露出が増え始めると、そのことを心配した母は「勘違いしてはダメよ。主役は着る方。あなたは黒子に徹しなさい」と繰り返し言われました。

肝に銘じていましたので、華やかなスターたちのプライベートには立ち入らず、裏方として常に一線を画してお付き合いをしていました。

デザイナーの喜びは、着る人をキラキラと輝かせてハッピーにすること。当時も今もその想いは変わりません。

67

私もあなたも
ハッピーにする
笑顔を
忘れないように

笑顔は自分だけでなく、周囲の人にもハッピーを運んできます。ですから笑顔をなくしてはいけない。諺にあるとおり、まさに「**笑う門には福来る**」なのです。

きまじめでがんばり屋の母は厳しい人でしたが、笑顔は愛らしくてチャーミング。

また特に印象的だったのは、エリザベス女王のロイヤルスマイルです。妹のマーガレット王女とふたり、20代だった私の前を車で通り過ぎた際、窓越しに見かけた女王の笑顔は上品で華やか。そしてなんとも朗らかで、一瞬で満ち足りた気分に誘ってくれました。

以来「**私もそんな笑顔になりたい！**」とずっと思っています。

本を読むのが楽しい人もいれば、
絵を描くのが喜びの人もいる。
何が楽しみや喜びになるかは
自分自身でも最初はわからないのだから、
積極的に見つけなくては。
それはやがて**生きがいになり、**
生きる力になります。

68

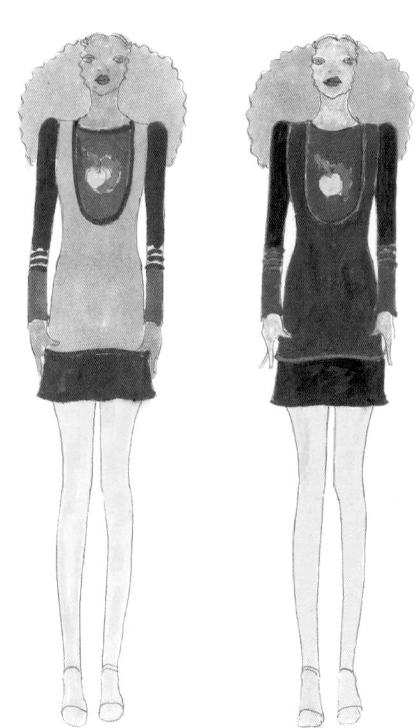

2011年春夏
コレクションの案内状より

携わる

CHAPTER 5

デビューして60年以上、
仕事にまつわる私の哲学

69

新しいことは大好き！ワクワクするし、世界が広がる

新しいことに挑戦するのは大好きです。デジタルツールも面倒だなんて思わないし、むしろワクワクしちゃいます。インスタグラムでは、私自身のコーディネート、好きな花やインテリア、日々の暮らしで美しいと感じたもの、興味を持ったものなどを発信しています。

ハッピーな姿をお客さまに直接お届けできるなんて、本当に便利な世の中ですね。

コロナ禍で始めたオンライン接客も楽しい。

遠方にお住まいでお会いしたことのない長年のお客さまとオンラインでつながり、思いを伝えたり、コーディネートをレクチャーしたり。**距離を超えて時間を共有できるなんて、すごくうれしい**ことね！

こころを柔らかくしておくと世界が広がります。

70 どんな仕事でもスピード感、鮮度、勢い、決断力が大事

母はよく「洋服の仕立ては、チクチクと時間をかけて縫う人より、サッと縫い上げる人の方が上手よ」と話していました。

仕事をしていく上で、**「スピード感」は重要**です。言い換えるなら**「鮮度」「勢い」**、それから**「判断力」**でしょうか。

常に感度を高くし、やる気を携えていないと、スピード感は保てません。

私が少しでも迷ったりしてスキを見せると、すかさず「鮮度が落ちた？」と母に注意されたものです。

YUKI TORIIの
オリジナルプリント
なんですよ

かつてのコレクションの
説明をしながら、動画を
撮影しています。

YouTubeで
アーカイブコレクションを解説中

いつもありがとう
ございます

オンラインで
お客さまとつながります

お客さまに似合いそうな新作をご提案します。
着心地の良さもしっかりとお伝えしています。

71

ムリ、ムリは大嫌い！

デビューした19歳から年2回、ずっと休まずにコレクションを発表しています。一度も仕事のペースを落とそうと考えたことはありません。それが私の使命ですから。

昔も今もデザイン画を描き、同時にオリジナルの生地をつくり、頭の中のイメージを具体化します。まとまってきたらトルソーで試して、発表の6か月前から仮縫い作業。全部自分でやっちゃうの。

ショーの演出、音楽や照明も私が決めています。モデルの歩き方や動き方も「こんな感じ」ってやって見せる。「無理です、できない」と言われると、ますます力が湧いてくる。**どんなに大変でも「何でも出来す！」**という気持ちでやると、絶対に成し遂げることができるのです。

72

テラスの花がきれいに咲くと、ほめ言葉をかけます。
なかなか咲かない花には、「がんばって」と声援を送ります。
しおれたら花がらを摘み取ります。
そうすると新しく咲き出し、美しさを取り戻します。
人間関係も同じかもしれません。
ですから**常に気遣い、声をかけて、**
相手のことを大切にするようにしています。

ショー当日もやることいろいろ！

ショー直前、モデルが当日着用予定の服を最終確認します。その後、ランウェイでポージングの練習をします。

私が実際にランウェイを歩いて、モデルにポージングなどの動きを指導します。

ショーの照明、音楽、モデルの動き、演出
などをスタッフと最終確認しています。

73

長いキャリアで知りすぎたことが、足かせにならないように

私にとって服づくりとは、暮らすことや生きることと同じです。ですから365日、頭の中はデザインのことばかり。もう60年以上続けていますから、知りすぎてしまって、逆にそれが邪魔になることもあるのです。手慣れた感じで、なんとなく対処してしまうとかね。

そうならないためには、**常に新しく感じられる方法を考え出し、トライするのみ！**

たとえば若い世代の雑誌に目を通す。若いファッションを否定しないの。そうして多面的に**今の空気を感じることも大事**です。

するとずっと後になって、そのファッションが頭の中で蘇り、意外なアイデアにつながる場合もあるのですから。

74

毎日、同じような感じで
過ごさないようにしています。
撮影の打ち合わせや
ショーのコーディネートを決める
大切な日には早く出社したり。
漫然と日々を過ごすのではなく、
自分でメリハリをつけて行動しなきゃね。

色は大切。こだわって何よりもこころを注いできたこと

色ごとにまとめているオリジナルの色見本帳。何十冊もあります。

75

着たい服をつくるため、オリジナルの生地にこだわる

母が銀座に店を開いた1950年、生地はジャカードやツイードといった織物中心で、プリントはほとんどありませんでした。地味で暗い色が多く、ティーンエイジャーの私はちっともウキウキしない。楽しくないのです。

愛読していたアメリカのファッション誌『セブンティーン』などに登場する華やかな色柄の生地で、自分の着たい服をつくりたいのに……。

そこで「こんな色や柄がほしい」と問屋さんにリクエストしていたら、ついにオリジナルの生地をつくってもらえるようになりました。

以来素材から染色や配色、プリント生地の柄まで手がけています。ヒョウ柄や水玉模様のひとつでも、大きさや配置などの細部にこだわり続けてきました。

「オリジナルの生地こそ、
世界の舞台に出ていくための重要なポイント」
と母は言っていました。
自分の**好きをとことん突き詰めた**ことで
他のブランドにはない
私らしい魅力を生み出せたと思います。

76

これまでにつくったオリジナルの花柄生地を集めました。

柄が美しいバランスの配置になるよう、試行錯誤しているところ。

微妙な色調整など地味な作業を繰り返してオリジナル生地が完成します。

77

毎日エネルギーを費やせる仕事があるのは、ハッピーなこと

イメージを組み立てるために、ずっと続けている方法があります。

まずは常にアンテナを張り巡らし、自由にものごとを見る。ピンとくるものを軸に、お客さまの写真、好きなポストカード、孫の描いた絵、リボンやレースなどをアトリエの壁にピンナップしていきます。

その壁を眺めながら、幾通りもの組み合わせを思案して、イメージを練り上げます。

そして自分にできる方法と照らし合わせ、そのイメージを形に表現していきます。

その地味な作業を60年以上繰り返してきました。**コツコツとやり抜くしか道はない**のよね。喜びはほんの少しかもしれない。けれど**毎日エネルギーを費やせる仕事があることがすごくハッピーなの！**

感性磨きは特別なことではないのです。
日々の暮らしの中で
自分の目でしっかり見て、
手で触って、街を歩いて
時代の匂いを感じる。
五感を響かせ、感じる。
そうしてハッピーに
今この一瞬を生きていると
自ずと育まれるのだと思います。

78

YUKITORII
YUKITORII
YUKITORII
YUKITORII

79

作風と相反する時代の波こそ、チャンス!

時代には波があります。長い間には、私の持ち味である花柄や色彩とはまったく異なる波がやってきたりします。たとえば黒の大流行がそうでした。

そんなときこそ、**いつも大切にしていることを客観的な目線で冷静に見つめ直す絶好のチャンス。**

お客さまに時代の空気を感じていただくのもデザイナーの役目ですから、時々の流行を無視することはできません。けれども同調はせず、自分の美意識を信じて、地道に時代とともに歩み続けるのです。

すると新しい何かが見つかります。

そうした**チャンスをつかみ取るためにも、日々アンテナを張り巡らし、常に五感を磨いています。**

コレクションが終わっても、
100%満足したことはありません。
といっても後悔するのではなく、
すぐに「次はこうしたい、こうしよう！」と
意欲が湧きます。**思いはどんどん先に向かう。**
それがパワーの源です。
終わったことは振り返らず、
前しか見ないのね。

LES CUISINIERS DE FRANCE
RECONNUE D'UTILITÉ PUBLIQUE
PARIS
Diplôme d'Honneur
Yuki TORII
Paris, le 28 mai 2002
Le Président

INVITATION
YUKI TORII
BOUTIQUE
RENEWAL
OPENING PARTY
PARIS
MAGICAL ENTERTAINMENT

素敵な人生の先輩がいてよかった！

文・本村のり子

フリーライターの仕事を始めて30年以上、正直「そろそろ飽きてきたかなぁ……」と感じるときもあります。

ある日、鳥居先生にインタビューをしていると、「長く続けていると、知りすぎてしまって、それが逆に邪魔になるときがあるのよ。手慣れた感じで、なんとなく対処してしまうとかね」とズバリと刺さる話題になりました。本当にそうなのです。

「そうならないためには？」

「常に新しく感じられるようにトライするしかないわよ！」

胸がすく思いでした。この言葉は73（P172）にあります。

私はモノトーンの服や小物が多いのですが、思いきって2022年春夏「MY FLOWER GARDEN」の華やかなバッグを購入しました。オレンジ、ピンク、ブルーと鮮やかな色彩の花々に、自然と心が弾みます。

周りの人たちからも、「わー、きれい〜」「楽しくなるわね」と笑顔で話しかけられました。

43の言葉（P108）にあるように、花柄って着る人だけでなく、眺める人まで明るい気分にするのですね。今度は花柄の服にも挑戦してみようかな。

日常の小さなハッピーを大切にしながら、現在進行形でエネルギッシュに生きる鳥居ユキ。つくづく「日本にこんなに素敵な人生の先輩がいてよかった」と思います。

「YUKI TORII」の服のように、自由で明るく、元気になれるこの本は、近くに置いて繰り返し読みたくなるハッピーバイブルです。晴れの日も曇りの日も雨の日も、読者のみなさまのハッピー探しの一助となりますように！

鳥居ユキ

1943年東京生まれ。60年以上のキャリアを誇るファッションデザイナー。1962年に19歳でのコレクションデビュー以来、1回も休むことなく新作を発表し続けている。1975年から2008年までパリでも年2回のコレクションを発表していた。そうした自身のブランド「YUKI TORII」のデザイナー活動に加えて、インスタグラムを通してお客さまにさまざまな情報を発信している。2006年に日本版『Newsweek』にて、"世界が認めた日本人女性100人"に選出される。株式会社トリヰは、母から引き継ぎ、現在は娘の真貴が社長を務める。

公式サイト
https://www.yukitorii.co.jp/

インスタグラム
yukitorii_official

直営店：
銀座トリヰ
〒104-0061 東京都中央区銀座5-7-16
tel. 03-3574-8701

編集・文／本村のり子
デザイン／宮巻 麗
撮影／
宮濱祐美子（カバー、P29、35、37、39上、49-53、60-63、70-75、78上、79下、83、87、115上、122-123、128-129、130上、131下左、155、174-175、178、182-189）
石黒幸誠（P43下、64、66）
ヘアメイク／吉田 馨
ネイル／小林律子
校正／福島啓子
編集担当／深山里映

80歳、ハッピーに生きる80の言葉

著　者　鳥居ユキ
編集人　東田卓郎
発行人　倉次辰男
発行所　株式会社 主婦と生活社
〒104-8357 東京都中央区京橋 3-5-7
編集部　tel. 03-3563-5129
販売部　tel. 03-3563-5121
生産部　tel. 03-3563-5125
https://www.shufu.co.jp
製版所　東京カラーフォト・プロセス株式会社
印刷所　大日本印刷株式会社
製本所　小泉製本株式会社
ISBN978-4-391-15943-1